AF360423

APPEL

A TOUS LES IMPRIMEURS DE FRANCE,

SUR LA NÉCESSITÉ

DE DEMANDER AUX CHAMBRES L'EXÉCUTION DES LOIS SUR L'IMPRIMERIE,

OU DE NOUVELLES LOIS RÉGLEMENTAIRES.

Verdun, Imprimerie de **VILLET-COLLIGNON**.

APPEL

A TOUS LES IMPRIMEURS DE FRANCE,

Sur la nécessité de demander aux Chambres

L'EXÉCUTION DES LOIS SUR L'IMPRIMERIE,

ou

DE NOUVELLES LOIS RÉGLEMENTAIRES;

PAR VILLET-COLLIGNON,

Imprimeur à Verdun.

OUVRAGE UTILE A TOUS LES FONCTIONNAIRES DES ORDRES
ADMINISTRATIF ET JUDICIAIRE.

> Il est des questions qui sont résolues
> par cela seul qu'elles sont soulevées,
> ce sont celles dont la solution est de
> stricte justice.

A PARIS,

Chez LEDOYEN, Libraire, Palais Royal, galerie d'Orléans, 31.

ET A VERDUN, CHEZ L'AUTEUR.

1847.

APPEL

A TOUS LES IMPRIMEURS DE FRANCE

Sur la nécessité de demander aux Chambres

L'EXÉCUTION DES LOIS SUR L'IMPRIMERIE,

OU

DE NOUVELLES LOIS RÉGLEMENTAIRES.

A mes Collègues,

Vous avez tous apprécié, comme moi, sans aucun doute, Messieurs, les désastreux résultats de cette injuste et impolitique mesure administrative qui, depuis 1830, tend à écraser et à réduire notre industrie à la plus humble et à la plus chétive des professions.

Cependant, quand on songe que l'imprimerie est encore régie par des décrets impériaux et des ordonnances royales; quand on songe que c'est à l'imprimerie que le gouvernement actuel doit en quelque sorte son origine (1); quand on se souvient enfin que la Chambre de 1830 a maintenu la législation existante, en repoussant la proposition faite par Benjamin Constant, dans la séance du 11 sep-

----

(1) On sait que les imprimeurs de Paris ont été les premiers moteurs de la révolution de 1830.

1

tembre, de rendre libre la profession d'imprimeur; on se demande comment les Ministres d'un gouvernement *représentatif*, c'est-à-dire QUI REPRÉSENTE LES INTÉRÊTS DE TOUS, ont pu méconnaître les décrets, les ordonnances royales, et la décision de la Chambre, jusqu'au point de créer, AU PRÉJUDICE DES ACQUÉREURS DE TITRE, environ quatre cent cinquante brevets nouveaux depuis 1830, au lieu de supprimer les imprimeurs nommés à vie par le décret précité.

Quels ont été, Messieurs, les fruits de cette infraction aux lois et du mépris de la décision de la Chambre de 1830 ?

1.º De spolier les acquéreurs de titre, contrairement au décret, aux ordonnances royales et au vœu de la Chambre élective.

2.º De ruiner une grande partie des nouveaux titulaires.

3.º De semer partout la faillite et la banqueroute.

4.º De supprimer par des lois exceptionnelles, telles que les lois de septembre et celle sur les annonces judiciaires, les journaux auxquels le gouvernement avait donné lui-même naissance.

5.º De faciliter, au détriment des auteurs et des imprimeurs de Paris, les contrefaçons de tous genres, résultat inévitable de la misère.

6.º D'attaquer sans cesse le décret du 7 germinal an 13, relatif à l'impression des livres de piété; décret constamment maintenu par la cour de Cassation.

7.º Enfin d'anéantir complétement un des arts qui a fait longtemps l'honneur de la France, et contribué à sa gloire et à sa puissance.

Telles sont, Messieurs, les déplorables conséquences de l'injuste et impolitique système suivi par l'administration supérieure depuis 1830 !

Vous sentez tous, comme moi, je n'en doute pas, l'importance qu'il y a de remédier à un état de chose qui devient tous les jours de plus en plus menaçant pour nous, en compromettant notre existence, notre avenir, et celui de nos familles. Je m'adresse donc à vous, dans l'espoir que ma voix sera entendue, et que vous répondrez à mon appel.

Je vais d'abord vous montrer le Pouvoir administratif abroger contre les imprimeurs des lois limitatives encore existantes, et maintenir d'un autre côté des lois abrogées.

Ainsi que les notaires, les avoués, les huissiers, et autres officiers ministériels, les imprimeurs, vous le savez, sont encore sous l'empire de décrets impériaux et d'ordonnances royales, limitatifs du nombre dans chaque département.

En 1739, un arrêt du conseil d'état du roi, du 31 mars, avait fixé à 254 le nombre des imprimeurs en France. La révolution de 93, qui nivela toutes les professions, en avait fait surgir sur tous les points de la France, lorsqu'en 1810, Napoléon, voulant faire rentrer l'imprimerie dans ses anciennes limites, rendit le décret suivant :

Palais des Tuileries, le 5 Février 1810.

» NAPOLÉON, etc.

» Notre conseil d'état entendu, avons décrété et décrétons :

De la profession d'Imprimeur.

, ART. 3. A dater du 1.er janvier 1811, le nombre

» des imprimeurs dans chaque département SERA
» FIXÉ, et celui des imprimeurs de Paris sera ré-
» duit à 60 (1).

» ART. 4. La réduction dans le nombre des im-
» primeurs ne pourra être effectuée, sans qu'on
» ait préalablement pourvu à ce que les imprimeurs
» supprimés reçoivent une indemnité de ceux qui
» seront conservés.

Ce décret est, comme vous voyez, Messieurs,
on ne peut plus impératif et on ne peut plus explicite dans ses termes. Il fallait donc, qu'à partir
du 1.er janvier 1811, le nombre des imprimeurs
fût fixé dans chaque département, et, ce qui est fort
juste, que les imprimeurs supprimés immédiate-
ment fussent indemnisés par les titulaires conservés.

Deux autres décrets, l'un du 18 novembre 1810,
l'autre du 2 février 1811, relatifs aux imprimeurs
supprimés et à l'indemnité à leur accorder, vinrent
compléter la mesure prise par le gouvernement
impérial ; et, conformément au décret du 5 février,
le nombre des imprimeurs fut fixé dans tous les
départements par des arrêtés ministériels. Les sup-
pressions furent immédiates par toute la France,
mais de deux manières. A Paris et dans les villes
importantes où les imprimeurs conservés purent
indemniser ceux supprimés, la réduction eut lieu de
suite ; partout ailleurs, les imprimeurs conservés
furent désignés personnellement par des *brevets*
ainsi conçus :

---

(1) Ce nombre fut élevé à 80, par décret du 11 février 1811, eu
égard à la population de Paris comparée à celle des départements, où un imprimeur fut fixé par 10,000 habitants.

(5)

AU NOM DE L'EMPEREUR.

BREVET.

Vu l'arrêté de son excellence le Ministre de l'intérieur, sous la date du neuf juillet 1811, pris en exécution de l'article 3 du décret impérial du 5 février 1810, contenant réglement sur l'imprimerie et la librairie ; lequel arrêté maintient le sieur . . . . dans l'état d'imprimeur, dans le département de . . . . arrondissement de . . . . . . à la résidence de . . . .

Nous, conseiller d'état, directeur général de l'imprimerie et de la librairie, conformément à l'article 9 du même décret, et suivant les dispositions du décret impérial du 2 février 1811, avons accordé le présent brevet d'imprimeur au sieur . . . . . pour lui servir et valoir ce que de raison, et exercer ledit état d'imprimeur, en se conformant aux lois et réglements, à la charge, par l'impétrant, de le faire enregistrer au tribunal civil du lieu de sa résidence, après y avoir prêté serment de ne rien imprimer qui puisse porter atteinte aux devoirs des sujets envers le souverain, et à l'intérêt de l'état.

Fait à l'hôtel de la direction générale de l'imprimerie et de la librairie, le 15 juillet 1811.

Le conseiller d'état, directeur-général,
Baron de POMMEREUX.

Vu et approuvé par le ministre de l'intérieur, MONTALIVET.
Vu l'approbation de son excellence le Ministre de l'intérieur,
délivré par ordre.

Le secrétaire-général de la direction, OTTAVIANI.

Par le ministre, le secrétaire-général du ministère,
Signé FOUCHÉ.

Quant aux imprimeurs supprimés, ils reçurent peu de jours après des brevets *de tolérance* ou *à vie*.

Ainsi fut exécuté le décret du 5 février 1810 par toute la France. Il est donc impossible de le mettre en doute, puisque tous ces brevets sont enregistrés dans les greffes des tribunaux de première instance, et qu'ils portent avec eux la preuve certaine de l'exécution de ce décret.

A la chute de l'Empire, le premier soin du gouvernement royal fut de rendre l'ordonnance suivante :

Paris, 10 juin 1814.

« LOUIS, etc. Avons ordonné et ordonnons ce qui suit :

» Les lois, décrets et réglements relatifs à l'usage de la presse et aux délits qui se peuvent commettre par cette voie, et notamment les titres 3, 5 et 7 du décret du 5 février 1810, contenant réglement sur l'imprimerie et la librairie, seront provisoirement exécutés, selon leur forme et teneur, **jusqu'à ce qu'il en soit autrement ordonné** ».

Un peu plus tard parut l'ordonnance suivante :

Paris, 24 octobre 1814.

« LOUIS, etc.

» ART. 1.er Les brevets d'imprimeurs délivrés jusqu'à ce jour sont confirmés : **les conditions auxquelles il en sera délivré à l'avenir seront déterminées par un nouveau Réglement.**

A la suite de ces ordonnances, et par mesure administrative, tous les brevets impériaux furent échangés contre des brevets royaux, et les imprimeurs supprimés reçurent des BREVETS A VIE, ainsi conçus :

AU NOM DU ROI.

BREVET D'IMPRIMEUR A VIE.

Nous, Ministre secrétaire d'état au département de la police générale du royaume, vu l'article 11 de la loi du 21 octobre 1814, avons accordé et accordons, par le présent brevet, au sieur . . . . . . la rénovation de son titre d'**imprimeur à vie** à la résidence de . . . . département de . . . . à la charge par ledit sieur . . . de le faire enregistrer au tribunal civil de son arrondissement, après y avoir prêté serment de fidélité au roi et d'obéissance aux lois de l'état.

Délivré à Paris, le   novembre 1818.

Le Ministre secrétaire d'état au département de la police générale.

Le comte DE CAZE.

Par le Ministre, le secrétaire général du ministère, MIRBEL.

Le Directeur de la Division de l'imprimerie et de la librairie,

VILLEMAIN.

Est-il possible, après de tels actes, de nier la reconnaissance et l'exécution du décret impérial par le gouvernement royal ?

Telle a été, Messieurs, telle est encore la législation existante, législation sanctionnée en 1830 par la chambre des Députés, à l'occasion de la proposition faite par Benjamin Constant de rendre libre la profession d'imprimeur, et dont voici les dispositions :

« 1.º Il est libre à tout citoyen d'exercer la pro-
» fession d'imprimeur et de libraire, sans avoir
» besoin d'obtenir d'autorisation , et sans autres
» formalités qu'une déclaration faite par lui devant
» le maire de son arrondissement.

« 2.º Toute disposition législative, portant obli-
» gation de se pourvoir d'autorisation ou de brevet

» pour exercer lesdites professions, sont et demeu-
» rent révoquées.

« 3.° Les dispositions de la loi du 21 octobre
» 1814, relatives aux imprimeries clandestines sont
» maintenues ».

Cette proposition fut développée par son auteur dans la même séance. Appuyée par M. de Tracy, la Chambre la prit en considération, en ordonna l'impression et la distribution dans les bureaux.

La Commission nommée pour examiner cette proposition, présenta dans la séance du 8 novembre suivant, par l'organe de son rapporteur, M. Pelet de la Lozère, un projet de loi qui avait pour objet de rendre libre la profession d'imprimeur, moyennant un cautionnement de 25,000 fr. pour Paris, et, pour la province, de sommes inférieures, proportionnées à l'importance des villes.

Ce rapport fut imprimé et discuté dans les séances des 17, 18 et 19 novembre.

Nous ne mentionnerons pas ici l'opinion de tous les orateurs qui ont parlé dans cette discussion. Il suffit de citer celle des députés qui a entraîné la Chambre à reconnaître le principe d'une indemnité en faveur des acquéreurs de titre.

Voici comment s'est exprimé M. Firmin Didot :

Messieurs,

« L'honorable Rapporteur de la Commission
» chargée d'examiner la proposition de M. B. Cons-
» tant, a reconnu des droits acquis aux titulaires
» de brevets d'imprimeur, brevets qu'ils ont acheté
» aux prix de 25 et 30,000 fr. ; il vous a dit que
» plusieurs d'entre eux avaient acheté récemment
» ces brevets; qu'ils n'en avaient pas encore acquitté
» le prix; qu'il serait révoltant que leur vendeur pût

» venir s'établir à côté d'eux, sans qu'aucune in-
» demnité leur fut accordée. J'ajouterai, Messieurs,
» que ces brevets sont entrés dans les partages de
» famille, qu'ils sont devenus l'objet de contrats
» de vente multipliés, que des prêts ont été faits et
» assurés sur ces titres ».

« Si la liberté de la presse est nécessaire au bien
» public, le gouvernement doit abolir le privilège
» des imprimeurs, mais la justice, base principale
» de la liberté, défend d'anéantir dans leurs mains
» leur propriété, sans qu'ils reçoivent une indem-
» nité préalable, non seulement pour le prix du
» brevet, mais surtout pour le dommage résultant
» d'un excédant de presses, caractères, ustensiles,
» etc., devenus inutiles par la concurrence, et
» qu'ils ont acheté en vertu des lois dont on pro-
» pose l'abrogation.

« Le gouvernement n'a rien reçu, il est vrai;
» mais n'a-t-il pas autorisé la vente de ces brevets,
» lorsqu'en 1810 il a forcé les imprimeurs de Paris
» et des principales villes, à payer une indemnité
» aux imprimeurs supprimés, et à acheter leur
» matériel.

« Comme les imprimeurs supprimés par le décret
» du 5 février 1810, l'ont été violemment, je propose
» d'ajouter au projet de loi un article ainsi conçu :

« Art. 7. Les imprimeurs existant encore, et
» dont la suppression par le décret du 5 février
» 1810, aurait été bien constatée, pourront exercer
» leur ancienne profession, en payant seulement
» la moitié du cautionnement ».

La proposition de M. Didot, qui établissait en
principe une liberté sans cautionnement *avec indemnité*, fut soutenue par divers orateurs, notam-

ment par M. Barthe, qui déposa à cet effet un amendement ayant pour objet d'imposer aux nouveaux titulaires un cautionnement pour servir à indemniser les *acquéreurs de titre*. M. Barthe termina son discours en disant :

« Oui, je suis profondément convaincu que la
» liberté doit s'introduire dans nos lois ; mais j'ai
» été retenu par la crainte de *blesser les droits acquis*.

M. Salverte pense que l'indemnité tout entière doit peser sur le Gouvernement.

L'amendement de M. Barthe, ayant pour objet d'indemniser les acquéreurs de titre, fut mis aux voix et adopté.

La discussion s'engagea ensuite sur le mode de répartition de l'indemnité, dans le cours de laquelle M. de Tracy proposa cet amendement, qui fut mis aux voix et adopté : « *L'indemnité ne sera applicable qu'aux imprimeurs qui justifieront avoir acheté leur brevet* ».

Enfin, sur les observations de M. Charles Dupin, que la loi n'offrait qu'un tissu de mesures incohérentes et sans équité, qu'elle était une *mauvaise loi*, une *loi pernicieuse*, la Chambre, consultée sur l'ensemble, la rejeta.

Tel fut le résultat d'une discussion dans laquelle, après avoir respecté les droits acquis par le vote d'une indemnité, la Chambre finit par maintenir la législation existante.

Vous êtes sans doute bien convaincus, Messieurs, que notre industrie est encore sous l'empire d'un décret impérial limitatif, et d'ordonnances royales qui non seulement ont maintenu ce décret *jusqu'à ce qu'il en soit autrement ordonné*, mais qui encore déclarent QU'IL NE POURRA ÊTRE DÉLIVRÉ A L'AVENIR D'AUTRES

BREVETS QU'EN VERTU D'UN NOUVEAU RÉGLEMENT; décret et ordonnances sanctionnés, comme vous venez de le voir, par la chambre des Députés de 1830.

Rien de plus juste, en effet, les divers gouvernements n'avaient-ils pas eux-mêmes donné une valeur à tous les brevets conservés; et dès qu'ils étaient passés en d'autres mains, on ne pouvait évidemment en dépouiller les possesseurs sans commettre une véritable spoliation.

Cependant, au lieu de 543 imprimeurs en lettres, fixés par les arrêtés ministériels pris en exécution du décret impérial du 5 février 1810, (époque à laquelle il n'y avait pas encore de lithographie) il y a aujourd'hui, d'après les dernières statistiques publiées, environ 1,050 imprimeurs en France, non compris l'imprimerie royale, qui fait rouler 80 presses, 3 machines à vapeur, et 8 presses lithographiques, (ce qui représente plus de 300 imprimeurs de province), ainsi que l'imprimerie de la banque de France, celle des Orphelins, et du pénitencier de St.-Germain, à Paris. A ce nombre, il faut ajouter les imprimeurs lithographes, qui ont enlevé aux imprimeurs en lettres les seules ressources qui alimentaient leurs ateliers, et dont le chiffre s'élève à plus de six cent cinquante à Paris seulement. Et si l'on réfléchit aux progrès industriels de la typographie depuis quelques années, progrès qui permettent à l'imprimerie de produire quinze fois plus qu'en 1810, on aura une faible idée de l'état déplorable dans lequel est plongée aujourd'hui cette industrie, état dû uniquement à la violation des décrets, des ordonnances royales et de la décision de la Chambre de 1830.

Ainsi, Messieurs, au lieu de cette *loi pernicieuse,*

qui indemnisait les acquéreurs de titre, les Ministres en ont créé une plus pernicieuse encore, ils ont outrepassé, sans respect pour les lois, les propriétés ou les droits acquis, la proposition de Benjamin Constant, rejetée par la Chambre; ils ont créé un état pire qu'une liberté illimitée, *sans indemnité.*

Voilà comment les hommes honorés de la confiance d'un Roi qui ne veut que la justice, base du bonheur de la nation qui l'a élevé sur le trône, administrent en son nom.

En vain, ai-je essayé en diverses circonstances de faire entendre ma voix soit aux oreilles ministérielles, soit à la Chambre élective, force me fut d'y renoncer, par des raisons que voici : ou l'on déclinait l'exécution du décret, ou l'on prétendait que le décret avait laissé à l'arbitraire de l'administration la fixation du nombre des imprimeurs dans les départements, ou l'on me menaçait d'un ordre du jour; et lorsque je faisais de nouvelles observations, pour toute réponse, on s'en référait à la précédente lettre.

Certes, Messieurs, en présence de la législation, dont je vous ai donné un apperçu, et d'une interprétation aussi erronnée, il devenait impossible de vaincre le mauvais-vouloir patent de l'administration supérieure. Cependant, n'y eut-il même pas de pièces justificatives de la nature de celles que j'ai citées plus haut, il suffirait de lire les décret et ordonnances royales pour se convaincre qu'il ne peut même y avoir doute sur leur interprétation; et pour mieux vous en convaincre, je transcris ici la réponse de l'un des premiers avocats à la cour de Cassation, à la communication d'un mémoire sur la question.

« MANDAROUX-VERTAMY , *avocat au Conseil*
» *d'Etat et à la cour de Cassation, rue Haute-feuille,*
» *N.º 13.*

      » Monsieur,

» J'ai lu votre mémoire avec tout l'intérêt qu'il
» mérite et je suis porté à croire que votre récla-
» mation est fondée.

» L'arrêté ministériel du 9 juillet 1811, doit en
» effet se confondre, ne faire qu'un avec l'article
» 3 du décret du 5 février 1810, qui ordonne à
» l'administration de fixer le nombre des impri-
» meurs dans chaque département; et si cet arrêté
» a fixé le nombre des imprimeurs de votre dépar-
» tement de manière à ne laisser subsister dans
» votre ville que le seul titre dont vous êtes pos-
» sesseur, il ne me paraît pas douteux que l'admi-
» nistration SOIT OBLIGÉE à réparer le préjudice
» qu'elle vous a causé en violant elle-même l'arrêté
» de 1811 et le décret de 1810, par l'augmentation
» des imprimeurs de votre ville; car le décret
» n'aurait aucun sens, s'il devait être entendu en
» ce sens que l'administration resterait maîtresse
» de réduire ou d'augmenter à sa volonté le nombre
» des brevets. Ce décret dit que le nombre des
» imprimeurs sera fixé dans chaque département
» à partir du 1.ᵉʳ janvier 1811, c'est dire assez
» qu'une fois fixé, à partir de cette époque, ce
» nombre restera invariable, sauf innovations lé-
» gislatives ».

      Veuillez agréer, etc.

        Paris, 12 juillet 1844.

        Signé MANDAROUX-VERTAMY.

A l'appui de cette opinion, je citerai un passage
d'une lettre de M. le Président de la chambre des

imprimeurs de Paris, en réponse à une semblable communication :

Paris, le 16 juin 1845.

Monsieur,

« Je crois pouvoir être l'interprète des sentiments
» de vos confrères de Paris, en vous donnant les
» explications qui vont suivre :

» Tous approuvent votre réclamation, et ils
» sentent la justesse de vos plaintes; nous avons
» tous les mêmes griefs que vous, et nous sommes
» ici près du gouvernement en continuelles récla-
» mations et en instance pour que l'imprimerie
» soit complétée, et surtout pour que l'on renonce
» à créer de nouveaux brevets dans les départe-
» ments.

» Nous applaudissons donc à vos efforts, vous
» servirez la cause commune en présentant à la
» chambre des Députés le faisceau des griefs des
» départements. Combinées avec les nôtres, ces
» réclamations ouvriront sans doute les yeux de
» l'autorité, et l'amèneront à prendre des mesures
» conservatrices de nos établissements compromis.

» Que la pétition des imprimeurs des départe-
» ments parvienne donc à la chambre de Députés.
» Comptez que nous appuierons vos démarches
» dans le sens que vous nous indiquerez, en nous
» informant de ce que vous aurez fait. Nous n'a-
» vons qu'un même intérêt, et nous apporterons
» à le défendre un même esprit et un même cœur.

» Agréez, etc.

» DUVERGER,
» Président de la Chambre des imprimeurs.

Ainsi donc, Messieurs, vous le voyez, notre opinion est entièrement conforme à celle d'un Jurisconsulte et d'hommes aussi éclairés que distingués, et il n'y a guère qu'au Ministère de l'Intérieur, je crois, où l'on envisage cette question sous un autre point de vue; cela se conçoit parfaitement.

Toujours est-il que telle est la législation actuelle :

1.° Que les imprimeurs ont été fixés, partout en France, par arrêtés ministériels pris, en 1811, pour l'exécution de l'article 3 du décret impérial du 5 février 1810.

2.° Que les imprimeurs de Paris, qui étaient au nombre de 200 au moment du décret, ont été réduits à 80 à la même époque, également par arrêtés ministériels.

3.° Que ce décret a été maintenu, en 1814, par ordonnance royale.

4.° Qu'il a été rendu une autre ordonnance tout exprès pour défendre aux Ministres de délivrer de nouveaux brevets sans de nouveaux réglements.

5.° Que la Chambre de 1830 a maintenu la législation, en repoussant le principe d'une liberté d'exercice.

6.° Que la même Chambre a reconnu, en cas de liberté, le principe équitable d'une indemnité en faveur des acquéreurs de titre.

En présence de cette législation, quel est l'état actuel de l'Imprimerie en France? Vous le savez, Messieurs, le tableau que j'en ai fait est plutôt au-dessous de la vérité qu'exagéré ; et, pour vous donner une preuve de ce que j'ai avancé que l'imprimerie est dans un état pire qu'une liberté illimitée, voici ce qui existe presque partout :

A Verdun, ville de 10,000 âmes, où un seul brevet d'imprimeur en lettres a été conservé par arrêté ministériel du 9 juillet 1811, pris en exécution du décret, il existe aujourd'hui 6 brevets, dont 3 d'imprimeurs en lettres et 3 de lithographes. Des 3 lithographes, un seul possède un matériel, et l'imprimeur qui l'exploite est comme les 3 imprimeurs en lettres, qui peuvent à peine occuper, pour les ouvrages de ville, un seul pressier pendant 2 jours de la semaine; encore est-ce avec le secours d'un journal que deux de ces imprimeurs parviennent à ce beau résultat.

A Paris, on a éludé le décret en concédant des brevets dans tous les villages autour de la Capitale, où il s'est formé des établissements qui font un tort immense aux imprimeurs de Paris, qui ne peuvent plus soutenir la concurrence avec ces nouveaux établissements, exploités à bien meilleur compte qu'à Paris. A Rouen, ville de 90,000 habitants, il y a 14 brevets d'imprimeurs en lettres, au lieu de 8 fixés par le décret impérial, et sur ces 14 brevets, 11 seulement sont en exercice. Il en est de même à Besançon, à Lyon, et dans presque toutes les villes importantes.

Tel est Messieurs, le triste, le déplorable état où les Ministres qui se sont succédés depuis 1830 ont plongé notre industrie, par la violation des lois qui la régissent encore! et cela, sans indemniser les acquéreurs de titre, conformément au décret impérial et au vœu de la Chambre de 1830, vœu émis à la vérité dans une loi rejetée, mais qui n'en devait pas moins être une règle d'équité pour les premiers administrateurs de l'Etat.

Cependant, Messieurs, remarquez-le bien, la

position des titulaires de brevets d'imprimeur était
bien préférable à celle des avoués, des notaires, des
huissiers et autres officiers ministériels, également
fixés par des décrets impériaux et des ordonnances
royales. Les imprimeurs étaient désignés personnellement pour être conservés, ou supprimés,
tandis que les officiers ministériels furent réduits
par extinction; ce qui autorisa la vente des brevets
d'imprimeur et leur donna une valeur; et em-
pêcha la vente des charges ministériels tant que
le nombre ne fut pas réduit à celui fixé par le
Gouvernement.

Vous avez vu, par ce qui précède, jusqu'à quel
point le Pouvoir administratif avait méconnu les
droits des acquéreurs de titre, les décrets et ordonnances royales précités; je vais maintenant vous le
montrer conservateur d'une loi explicitement abrogée par le gouvernement royal, et par l'esprit et la
lettre de la loi du 17 mai 1819.

A la chute de l'Empire, les décrets impériaux
furent, comme vous l'avez vu, maintenus par l'ordonnance royale du 10 juin 1814, jusqu'à ce qu'il
en soit autrement ordonné; mais l'attente fut de
courte durée, la loi du 21 octobre 1814 ne tarda
pas à être présentée aux Chambres et promulguée.

Le titre I.er de cette loi, relative à la publication des ouvrages, établissait la censure; mais
aux termes de l'article 22, ce titre devait cesser
d'être exécutoire après la session de 1816. Il est inutile dès-lors d'en parler. Le titre II a donc sub-
sisté seul depuis 1814 jusqu'aujourd'hui, bien
que la loi du 17 mai 1819 ait été présentée aux
Chambres tout exprès pour remplacer celle de 1814,
ainsi qu'on va le voir.

2

Examinons d'abord le titre II de la loi du 21 octobre 1814 dans son esprit et sa lettre.

« ART. 14. Nul imprimeur ne pourra imprimer
» un écrit avant d'avoir déclaré qu'il se propose de
» l'imprimer, ni le mettre en vente ou le publier,
» de quelque manière que ce soit, avant d'avoir
» déposé le nombre prescrit d'exemplaires; savoir
» à Paris, au secrétariat de la direction générale;
» et dans les départements, au secrétariat de la
» préfecture.

« 15. Il y a lieu à saisie et séquestre d'un ou-
» vrage,

» 1.º Si l'imprimeur ne représente pas les récé-
» pissés de la déclaration et du dépôt ordonné en
» l'article précédent.

» 2.º Si chaque exemplaire ne porte pas le vrai
» nom et la vraie demeure de l'imprimeur.

» 3.º Si l'ouvrage est déféré aux tribunaux pour
» son contenu.

» 16. Le défaut de déclaration avant l'impression,
» et le défaut de dépôt avant la publication, cons-
» tatés comme il est dit en l'article précédent, seront
» punis chacun d'une amende de mille francs
» pour la première fois, et de deux mille francs
» pour la seconde.

» 17. Le défaut d'indication de la part de l'im-
» primeur de son nom et de sa demeure, sera puni
» d'une amende de trois mille francs; l'indication
» d'un faux nom ou d'une fausse demeure, sera
» punie d'une amende de six mille francs, sans
» préjudice de l'emprisonnement prononcé par le
» code pénal ».

Pour bien comprendre l'esprit de ces diverses dispositions, il faut les rapprocher de l'article 7 de

l'Ordonnance royale du 24 octobre 1814, rendue pour l'exécution de la loi du 21 du même mois.

« 7. En exécution de l'article 20, les commis-
» saires de police rechercheront et constateront
» d'office toutes les contraventions ; et ils seront
» tenus aussi de déférer à toutes les réquisitions
» qui leur seront adressées à cet effet par les préfets,
» sous-préfets et maires, et par les inspecteurs de
» la librairie. Ils enverront dans les vingt-quatre
» heures tous les procès-verbaux qu'ils auront dres-
» sés, à Paris, au directeur général de la librairie ;
» et dans les départements, aux préfets, qui les fe-
» ront passer sur-le-champ au directeur général,
» seul chargé par l'article 21 de dénoncer les con-
» trevenants aux tribunaux ».

On voit évidemment que le gouvernement ombrageux de 1814 s'était réservé non seulement le droit d'autoriser ou de refuser l'impression , mais même la vente de tous les ouvrages en général ; et pour être certain que rien ne se publierait sans son autorisation , il s'en était pris exclusivement aux imprimeurs. Les auteurs n'étaient recherchés en rien, ce qui était fort juste, du reste, dès que le gouvernement se réservait le droit d'autoriser ou de refuser l'impression et la vente des ouvrages.

Les imprimeurs étaient donc responsables de tout ce qu'ils imprimaient ; et afin qu'ils ne publient rien clandestinement, on les assujettit à des formalités préventives , et on les obligea à mettre leur nom partout ; et pour les contraindre à se conformer à ces dispositions, on les frappa d'énormes amendes. La pénalité encourue par la loi de 1814 n'est donc qu'une conséquence naturelle de l'esprit de la loi elle-même, elle n'est qu'un corol-

laire de l'ensemble de cette loi, corollaire inséparable de son esprit et même de la lettre; c'est une
chose tellement évidente qu'il n'y aurait même pas
besoin des preuves qui vont suivre.

Cette législation, tant soit peu turque, allarma
bientôt tous les esprits éclairés. Les auteurs étaient
frappés d'ostracisme par le Pouvoir, ou se trouvaient
à la merci des imprimeurs, qui refusaient leurs
presses; enfin la pensée était comprimée, et l'esprit
public se prononçait tous les jours plus fortement,
quand le Gouvernement, allarmé de ses progrès,
sentit la nécessité de remédier au mal et de prévenir une commotion. C'est alors que la loi du 17
mai 1819 fut proposée, discutée et adoptée.

Par la loi du 21 octobre 1814, le gouvernement
jugeait lui-même s'il y avait lieu de laisser imprimer et vendre tel ou tel ouvrage, et les imprimeurs
seuls étaient punis.

Par la législation de 1819, au contraire, le gouvernement a voulu soustraire les imprimeurs aux
dispositions pénales de la loi de 1814, il a voulu
punir les auteurs ou complices seuls; il s'est dessaisi
de son droit de *veto,* en déclarant dans l'article 1.er
de la loi du 17 mai 1819, qu'il n'y avait plus de
crime ou de délit que lorsqu'il y avait eu *vente, exposition, mise en vente,* etc., d'ouvrage coupable.

Pour vous en convaincre, voici, Messieurs, les
passages les plus importants du discours prononcé
par M. le Garde-des-Sceaux, lorsqu'il présenta lui-
même la loi du 17 mai 1819 à la chambre des
Députés, dans la séance du 22 mars.

« Le premier projet, intitulé *Des crimes et délits
commis par la voie de la presse, ou tout autre moyen
de publication,* repose sur un principe fort simple,

ou plutôt sur un fait : c'est que *la presse, dont on peut se servir comme d'un instrument pour commettre un crime ou un délit, ne donne lieu cependant à la création ni à la définition d'aucun crime ou délit particulier et nouveau.* De même, en effet, que l'invention de la poudre a fourni aux hommes de nouveaux moyens de commettre le meurtre, sans créer, pour cela, un crime nouveau à inscrire dans les lois pénales, de même l'invention de l'imprimerie n'a rien fait de plus que leur procurer un nouvel instrument de sédition, de diffamation, d'injure, et d'autres délits de tout temps connus et réprimés par les lois. *Ce qui rend une action punissable, c'est l'intention de son auteur, et le mal qu'il a fait ou voulu faire à un individu ou à la société; qu'importe que, pour accomplir cette intention et causer ce mal, il ait employé tel ou tel moyen? La prévoyance des lois pénales atteindrait le crime quand même l'instrument mis en usage par le coupable aurait été jusqu'alors complétement ignoré.*

» De ce fait, qui est évident par lui-même, découle une conséquence également évidente, c'est qu'*il n'y a pas lieu à instituer pour la presse une législation pénale distincte.* Le code pénal contient l'énumération et la définition de tous les actes reconnus nuisibles à la société, et partant punissables; que l'un de ces actes ait été commis ou tenté par la voie de la presse, l'auteur doit être puni à raison du fait ou de la tentative, *sans que la nature de l'instrument qu'il a employé soit, pour lui ni contre lui, d'aucune considération.* En d'autres termes, IL N'Y A POINT DE DÉLITS PARTICULIERS DE LA PRESSE; mais quiconque fait usage de la presse, est responsable, selon la loi commune, de tous les actes auxquels elle peut s'appliquer.

» Par là disparaît cette difficulté qui a si souvent embarrassé les législateurs et les publicistes, savoir : la définition de prétendus délits spéciaux appelés délits de la presse. Ces délits ne sont autres que ceux dont la définition se trouve dans les lois pénales ordinaires qui prévoient et incriminent tous les actes nuisibles, *sans s'inquiéter du moyen auquel le coupable a eu recours. Par là est démontrée en même temps* L'INUTILITÉ DE CETTE PÉNALITÉ D'EXCEPTION dans laquelle on a cherché long-temps un remède contre les abus de la liberté de la presse, et qui n'a produit que des lois tantôt oppressives, tantôt impuissantes. *La presse rentre, comme tout autre instrument d'action, dans le droit commun;* et, en y rentrant, elle n'obtient aucune faveur qui lui soit propre, elle ne rencontre aucune hostilité qui lui soit particulière.

» Ramenée ainsi dans le domaine de la législation générale, la question devient simple, et le projet de loi s'explique, en quelque sorte, de lui-même. De quoi s'agit-il, en effet? Ce n'est plus de dresser l'inventaire de toutes les pensées humaines pour rechercher et déclarer d'avance lesquelles, en se manifestant, seront réputées coupables. Il s'agit uniquement de recueillir, dans les lois pénales, les actes déjà incriminés, auxquels la presse peut servir d'instrument, et d'appliquer à ces actes, lorsqu'ils auront été commis ou tentés par cette voie, la pénalité qui leur convient. Et comme la presse n'est pas le seul instrument par lequel de tels actes puissent avoir lieu, *elle ne sera pas même, sous ce point de rue, l'objet d'une législation particulière;* on lui assimilera tous les autres moyens de publication par lesquels un homme peut agir sur l'esprit des hommes; car, ici encore, C'EST DANS LE FAIT DE LA PUBLICATION ET NON DANS LE MOYEN QUE RÉSIDE LE DÉLIT.

» Ainsi, deux principes sont le fondement et comme le point de départ du projet de loi; par l'un, la presse est considérée, *non comme la source d'un genre de délits particuliers,* mais comme un instrument de délits prévus par le droit commun; par l'autre, tous les moyens de publication sont assimilés à la presse, comme pouvant également servir à des intentions coupables et produire des résultats dangereux.

» *Quels sont maintenant les crimes et les délits dont la presse,* ou tout autre moyen de publication, *peut devenir l'instrument?*

» IL NOUS A PARU QU'ILS ÉTAIENT TOUS RENFERMÉS ET CLASSÉS CONVENABLEMENT DANS LES QUATRE CHAPITRES DONT SE COMPOSE LE PROJET DE LOI, savoir : 1.º la provocation publique aux crimes ou délits; 2.º les offenses publiques envers la personne du Roi ; 3.º les outrages à la morale publique et aux bonnes mœurs; 4.º la diffamation et l'injure publique ».

Toutes ces pensées, toutes ces phrases, ont-elles besoin d'explications ou de commentaires? Nous ne le pensons pas; elles sont si positives et si lucides, qu'il est impossible de pouvoir contester la volonté du gouvernement et des législateurs.

Lorsque M. le Garde-des-Sceaux présenta à la chambre des Pairs la loi adoptée par la Chambre élective, il en exposa de nouveau les motifs avec la même lucidité. Ainsi qu'il l'avait fait dans son premier rapport, le Ministre considéra la presse comme un instrument de la même nature que ceux qui peuvent servir à commettre tous les crimes ou les délits, et posa en principe que c'était l'intention malveillante de nuire à la société ou à ses membres en particulier, qui constituait le crime ou le délit, quel que soit le moyen que le coupable ait employé.

Voici maintenant l'opinion de la Commission de la chambre des Députés, nommée pour examiner le projet de loi :

« L'intérêt public, dit M. De Courvoisier, rapporteur de la Commission, exige non seulement que *la presse soit dégagée de toute mesure préventive*, mais on doit craindre de resserrer l'opinion dans ses progrès, et la controverse dans sa carrière, en donnant trop de latitude à l'arbitraire de la poursuite.

» Un peuple que sa constitution appelle à concourir, par le choix de ses députés, à la répression des abus et à la confection des lois, doit s'éclairer sur les actes du gouvernement et sur les modifications que les lois réclament : c'est la presse qui l'éclaire, et si l'on en comprime trop rigidement même les écarts, on s'expose à en gêner l'action.

» Le but du gouvernement représentatif est *de fonder la sécurité publique sur le respect de tous les intérêts et de tous les droits*; la publicité est le meilleur frein contre l'injustice; elle est inséparable de quelque licence.

» La liberté de la presse est le mobile du gouvernement représentatif; elle en est aussi le soutien. Notre but est d'affermir cette espèce de gouvernement, il faut donc en endurer les inconvéniens pour jouir aussi de ses avantages ».

A la chambre des Pairs, M. De Broglie, exprima avec autant de talent que de lucidité l'opinion de de la Commission spéciale, dont il était rapporteur, opinion d'autant plus importante, qu'elle est devenue celle de la chambre entière. Voici la partie du rapport qui se rattache à la question:

» Le gouvernement, qui vous propose cette loi, croit simplement faire retour au droit commun et aux principes généraux de la législation criminelle. Il pense enfin que la liberté de la presse sera éternellement en question, tant que *la presse elle-même n'aura pas été replacée au rang de simple instrument*, propre à servir au bien et au mal; en un mot, tant qu'on ne cessera de faire des lois soit contre elle, soit sur elle, soit même pour elle.

» L'exercice d'une faculté quelconque est de droit naturel; les lois posent des limites; les lois prononcent des restrictions; voilà leur but et leur langage. Demander au législateur qu'il enseigne, qu'il explique ce qui est permis, c'est renverser l'ordre des idées; demandez-lui ce qu'il défend, cela seul peut être dit par avance, cela seul importe à savoir. Raisonner autrement c'est aller contre le principe même des lois pénales, *c'est déclarer aux citoyens qu'ils ont besoin d'une autorisation spéciale pour écrire et pour imprimer*, c'est leur signifier que *le législateur entend gouverner en maître leurs pensées et leurs opinions*, tandis qu'il n'en est que le modérateur et le surveillant.

» Nous pensons donc que le gouvernement agit sagement en se bornant à vous présenter un système de répression approprié aux besoins de l'ordre public, sans prétendre, de sa pleine autorité, assigner à la liberté de la presse son domaine.

» Il est de principe, en matière criminelle, que *le législateur ne s'occupe, soit de l'instrument à l'aide duquel un délit se commet*, soit du mode accidentel de la perpétration de ce même délit, qu'autant que cet instrument ou ce mode en font varier le fait caractéristique, en altèrent l'élément moral, ou en dénaturent les conséquences.

» Mais qu'un meurtre ait été commis avec un pistolet, un couteau ou un sabre; que dans un vol exécuté avec déguisement le voleur ait pris le costume d'un magistrat civil, ou l'uniforme d'un officier de gendarmerie, peu importe.

» Et *peu importe aussi,* dans le sujet qui nous occupe, la parole, la plume, *la presse* (1), le pinceau, le burin; peu importe le manuscrit, le livre, le dessin, la gravure. Par rapport au mal qu'ils peuvent faire, ni l'œuvre ni l'outil n'ont rien qui les distingue. Tout leur effet se borne à semer ou à réveiller dans l'esprit des hommes certaines idées qui deviennent préjudiciables, soit à des tiers, soit à la société elle-même. Souvent ils sont employés concurremment au même but, et s'entr'aident l'un l'autre. A quoi bon faire acception de celui-ci plutôt que de celui-là?

» Votre commission approuve donc le projet de loi en tant qu'il est fondé sur cette double proposition : 1.° Il n'y a point de loi à faire sur la liberté de la presse, parce que cette liberté existe par elle-même, et qu'aucune loi d'ailleurs ne possède la vertu de créer et de mettre en activité la liberté; 2.° IL N'Y A POINT DE LOI A FAIRE SUR LES DÉLITS DE LA PRESSE, PARCE QUE CES DÉLITS N'EXISTENT PAS, du moins *comme délits d'une nature particulière* (1), parce

----

(1) Cependant le nom de l'imprimeur est encore impérieusement exigé aujourd'hui sous peine de 3,000 fr. d'amende !!!

que le législateur ne doit point multiplier les qualifications sans raison, ni instituer des distinctions là où la nature n'en avait pas mises avant lui.

» De tous les actes qui peuvent précéder et préparer l'émission d'un écrit, LE DÉPOT EST PEUT-ÊTRE LE SEUL QU'ON NE PUISSE INCRIMINER, DANS AUCUN CAS, SANS UNE EXTRÊME INJUSTICE. La raison en est fort simple: il faut au moins que *l'acte que l'on prétend ériger en délit soit volontaire, et le dépôt est forcé. Il faut qu'il soit apte à consommer le dommage, et* LE DÉPOT N'EST PROPRE QU'A LE PRÉVENIR (1) ».

Je terminerai ces citations par le passage le plus saillant du discours prononcé à la chambre des Députés par Benjamin Constant.

» Inscrit contre le projet, dit-il, je reconnais pourtant que son premier principe est digne d'approbation. Avec des amendemens nombreux, il sera possible de développer le bien dont il contient le germe. Il repose sur une maxime profondément vraie, éminemment salutaire, celle *que la presse n'est qu'un instrument qui ne donne lieu à la création ni à la définition d'aucun crime ou délit particulier et nouveau.* Cette déclaration franche et loyale est un pas immense dans la carrière des idées saines et véritablement constitutionnelles. La presse, déclarée un *simple instrument*, perd aux yeux du gouvernement le caractère d'hostilité spécial qui a suggéré à tous les gouvernemens tant de fausses mesures; elle perd aussi aux yeux des amis trop ombrageux de la liberté ce titre chimérique à une inviolabilité exa-

---

(1) Cependant la déclaration et le dépôt sont encore impérieusement exigés aujourd'hui , sous peine de 1,000 et 2,000 fr. d'amende!!!

gérée que réclamaient pour elle, à des époques terribles, des hommes qui voulaient en abuser. Elle redevient ce qu'elle doit être, un moyen de plus d'exercer une faculté naturelle, moyen semblable à tous ceux de divers genres dont les hommes disposent, et qui doit, de même que tous les autres, ÊTRE LIBRE DANS SON EXERCICE LÉGITIME, et *réprimé seulement dans les délits qu'il peut entraîner* ».

Ainsi, vous le voyez, Messieurs, le Gouvernement, la chambre des Députés, la chambre des Pairs, c'est-à-dire les 3 pouvoirs de l'Etat, ont été unanimes sur la nécessité d'abroger la législation de 1814, la seule qui existât alors, la seule qui frappât les imprimeurs, la seule parconséquent dont il pouvait être question dans cette discussion.

Mais cette abrogation n'est pas seulement prononcée d'une manière on ne peut plus explicite par les législateurs eux-mêmes, comme vous venez de le voir, elle est encore la conséquence forcée des dispositions de la loi du 17 mai 1819.

En effet :

Par la législation de 1814, le gouvernement avait un droit de *veto* sur tout ce qui s'imprimait, et les imprimeurs seuls étaient punis, par d'énormes amendes, pour infractions aux dispositions préventives de cette loi.

La législation de 1819 a eu, au contraire, pour but spécial de reconnaître ces principes, émis par les trois Pouvoirs :

1.° Que la presse ne donnait lieu à la création ni à la définition d'aucun crime ou délit particulier.

2.° Que ce qui rendait une action punissable, était le mal fait à un individu ou la société.

3.° Que le moyen importait peu et que les lois

pénales atteindraient toujours le coupable quand même l'instrument resterait ignoré.

4.° Qu'il n'y avait pas lieu à instituer pour la presse une législation pénale distincte.

5.° Qu'il n'y avait point de délits particuliers de la presse.

6.° Que dans les lois pénales se trouvait démontrée l'inutilité de cette pénalité d'exception dans laquelle on a cherché un remède contre les abus de la liberté de la presse.

7.° Que la presse rentrait, comme tout autre instrument d'action, dans le droit commun.

8.° Qu'elle ne devrait pas même être l'objet d'une législation particulière.

9.° Que c'était dans le fait de la publication et non dans le moyen que résidait le délit.

10.° Que, maintenant, les crimes et les délits dont la presse pouvait devenir l'instrument étaient tous renfermés dans les 4 chapitres de la loi du 17 mai 1819.

11.° Que le but du gouvernement représentatif était de fonder la sécurité publique sur le respect de tous les intérêts et de tous les droits.

12.° Que la liberté de la presse serait éternellement en question, tant que la presse n'aurait pas été replacée au rang de simple instrument.

13.° Que raisonner autrement ce serait aller contre le principe même des lois pénales, et déclarer aux citoyens qu'ils ont besoin d'une autorisation spéciale pour écrire et pour imprimer.

14.° Qu'il est de principe, en matière criminelle, que le législateur ne s'occupe de l'instrument à l'aide duquel un délit se commet.

15.° Qu'il n'y a point de loi à faire sur les délits de la presse, parceque ces délits n'existent pas.

16.° Que de tous les actes qui pouvaient précéder l'émission d'un écrit, le dépôt était le seul qu'on ne pouvait incriminer sans une extrême injustice, par la raison fort simple qu'il fallait que l'acte que l'on prétendait ériger en crime fût volontaire, tandis que le dépôt était forcé.

17.° Enfin qu'il fallait que l'acte fut apte à consommer le dommage, tandis que le dépôt n'était propre qu'à le prévenir.

Voilà, non d'après nous, mais d'après le Gouvernement, d'après la chambre des Pairs et la chambre des Députés, l'esprit de la législation de 1819 !

Aussi, Messieurs, cette législation a-t-elle proclamé dans son article 1.er qu'il n'y avait plus de crime, plus de délit de la presse, que lorsqu'il y avait eu *vente, distribution, mise en vente* ou *exposition* dans les lieux publics, d'ouvrage provoquant à une action qualifiée crime ou délit. Cet article est ainsi conçu :

« ART. 1.er Quiconque soit par des discours, des
» cris ou menaces proféré dans des lieux ou réunions
» publics, soit par des écrits, des imprimés, des
» dessins, des gravures, des peintures ou des em-
» blèmes *vendus* ou *distribués, mis en vente*, ou *exposés*
» *dans des lieux ou réunions publics*, soit par des pla-
» cards et affiches exposés aux regards du public,
» aura provoqué l'auteur ou les auteurs de toute
» action qualifiée crime ou délit à la commettre,
» sera réputé complice et puni comme tel ».

Par cette déclaration, le Gouvernement a donc abrogé évidemment la législation de 1814, en se dessaisissant de son droit de *veto* sur tous les ouvrages; car on ne peut admettre qu'il ait voulu conserver le droit d'autoriser des crimes ou des délits et celui de les poursuivre après les avoir permis.

L'esprit des deux législations est donc évidemment incompatible; et, en l'absence des 17 considérants ci-dessus, qui abrogent tous plus ou moins explicitement cette loi de 1814, on trouverait une abrogation au moins implicite dans l'article 1.er de celle du 17 mai 1819; car, nous le répétons, il ne peut pas y avoir d'ouvrage coupable mis en vente avec la loi de 1814, et parconséquent de crimes à punir autres que ceux autorisés par le Gouvernement lui-même.

Telles sont les conséquences de ces deux législations.

L'abrogation de la loi du 21 octobre 1814 est donc une conséquence forcée de l'esprit et de la lettre de la loi du 17 mai 1819; et cela est si vrai, que cette loi a remis en vigueur, dans son article 26 les dispositions de la section VI du code pénal, primitivement abrogées par la loi de 1814, dispositions que voici :

» Art. 283. Toute publication ou distribution
» d'ouvrages, écrits, avis, bulletins, affiches, jour-
» naux, feuilles périodiques ou autres imprimés,
» dans lesquels ne se trouvera pas l'indication vraie
» des noms, profession et demeure de l'auteur ou de
» l'imprimeur, sera, pour ce seul fait, punie d'un
» emprisonnement de six jours à six mois, contre
» toute personne qui aura sciemment contribué à
» la publication ou distribution.

» Art. 284. Cette disposition sera réduite à des
» peines de simple police, — 1.° A l'égard des

» crieurs, afficheurs, vendeurs ou distributeurs,
» qui auront fait connaître la personne de laquelle
» ils tiennent l'écrit imprimé; — 2.° A l'égard de
» quiconque aura fait connaître l'imprimeur; —
» A l'égard même de l'imprimeur qui aura fait
» connaître l'auteur ».

Si la loi du 17 mai 1819 n'avait point abrogé celle de 1814, à quoi bon donner une nouvelle vigueur à ces articles du code pénal, dès qu'ils ne seraient jamais applicables avec la loi de 1814? ce serait un non-sens évident. Mais ces articles rentrent parfaitement dans l'esprit de la loi, et en sont le complément indispensable, dès qu'on voulait punir les auteurs et complices des crimes ou délits commis par la voie de la presse, et non la presse elle-même; et dès qu'aux termes de ces articles, on est certain de connaître l'auteur que la loi veut punir.

Je ne laisserai point passer inapperçu, Messieurs, un article de la loi du 17 mai 1819 sur lequel se fondent sans doute les adversaires des imprimeurs, ou les partisans de cet esprit de fiscalité inqualifiable, pour soutenir que la loi de 1814 n'est point abrogée. Cet article est ainsi conçu :

« ART. 24. Les imprimeurs d'écrits dont les au-
» teurs seraient mis en jugement en vertu de la
» présente loi, et qui auraient rempli les obligations
» prescrites par le titre II de la loi du 21 octobre
» 1814, ne pourront être recherchés *pour le simple*
» *fait d'impression* de ces écrits, à moins qu'ils
» n'aient agi sciemment, ainsi qu'il est dit à l'art. 60
» du code pénal, qui définit la complicité ».

Donc, disent les amateurs de condamnation, la loi du 21 octobre 1814 n'est point abrogée.

Donc, dirons-nous, la législation de 1814 est abrogée, et voici pourquoi :

D'abord, il est bon de dire que cet article 24 n'existait pas dans le projet du Gouvernement. C'est un amendement introduit par suite de la discussion des dispositions concernant la complicité. Benjamin Constant craignant que la position qu'on voulait faire aux imprimeurs ne fût pire que la première, par la facilité avec laquelle on eût pu les déclarer complices des crimes ou des délits commis par la voie de la presse, insista vivement pour qu'ils fussent entièrement libres, et l'on inséra alors cet article 24, qui atteint complètement le but.

En effet, on voit par les termes de cet article que les obligations exigées par la loi de 1814 sont devenues purement facultatives pour les imprimeurs qui voudront se mettre à l'abri de poursuites, en dénonçant au Gouvernement, par une déclaration et un dépôt préalables, les crimes ou les délits qu'ils croiraient renfermés dans les ouvrages qu'ils sont chargés d'imprimer.

Cet article dit : « Les imprimeurs *qui auraient* » *rempli* les formalités voulues par la loi de 1814 » ne pourront être recherchés pour le simple fait » d'impression de ces écrits, à moins qu'ils n'aient » agi sciemment, etc ».

Cette loi reconnaît donc l'abrogation des dispositions de celle de 1814, puisqu'elle met non seulement en doute leur accomplissement par les imprimeurs, mais encore qu'elle déclare que ce sera un moyen pour eux de se mettre à l'abri de poursuite ; or, si la déclaration et le dépôt étaient restés prescrits, cet amendement fait à la loi serait dérisoire, parceque ce moyen de sécurité pour les imprimeurs, serait rendu obligatoire par une autre loi sous des peines énormes ; de plus cet amendement serait contraire aux motifs donnés par le gouvernement pour servir de base à la loi du 17 mai ; il fausserait l'opinion des rapporteurs des Commissions et l'esprit des deux Chambres ; enfin, il serait contraire à la moralité de la loi ; car pourrait-il exister une loi plus immorale que celle qui contraindrait, sous des peines exorbitantes, des individus à aller demander l'autorisation de commettre un crime à celui qui est chargé de le prévenir, de le réprimer et de le punir, pour être ensuite poursuivi et puni par celui-même qui aurait donné la permission de le commettre ?

La législation de 1814 est donc abrogée par l'esprit et la lettre de la loi du 17 mai 1819.

Il me reste à vous prouver, Messieurs, que cette législation est abrogée aussi par la Raison. En effet, dans quel but ont été faites les lois pénales en général? — N'est-ce pas pour punir tous les actes nuisibles à la société ou aux individus? — Eh bien, quel mal fait à la société ou à un individu quelconque l'absence du nom d'un imprimeur sur un ouvrage où se trouve le nom de l'auteur? — Est-il un seul homme qui puisse répondre affirmativement à cette question? Je ne le crois pas. C'est donc pour un crime indéfinissable, qui ne se trouve dans aucun code humain, que nous sommes frappés de 3,000 francs d'amende !!!

Comment donc cette pénalité spoliatrice n'a-t-elle point fixé jusqu'alors l'attention de tant de jurisconsultes et d'hommes éclairés dans la magistrature? Comment ne s'est-il pas trouvé un magistrat qui se soit étudié à rechercher les causes d'une pareille disposition de loi? Il était cependant bien facile de voir que cette monstrueuse pénalité n'était qu'un corollaire des dispositions préventives de la loi de 1814; que c'était une pénalité exceptionnelle, établie pour contraindre les imprimeurs à se soumettre aux dispositions de cette loi, afin que rien n'échappât au *veto* du Gouvernement.

N'est-ce pas le cas de répéter ce que disait M. de Figarol à la chambre des Députés, dans la discussion de la loi du 17 mai :

« Les idées les plus simples et les plus utiles
» échappent souvent aux hommes les plus instruits
» et les plus éclairés. Quand elles se présentent à
» leur esprit, ils sont tout étonnés et presque hon-
» teux de ne pas les avoir plus tôt conçues ».

Cependant, Messieurs, vous le savez tous comme moi, malgré l'intention bien formelle du gouvernement royal et des Chambres de 1819 d'abroger la législation de 1814, cette législation a été maintenue jusqu'alors, et grand nombre d'entre nous en ont éprouvé de cruelles atteintes, et presque toujours dans des cas où l'ouvrage était inoffensif.

Je dois vous dire, toutefois, Messieurs, que si la déclaration et le dépôt sont devenus facultatifs pour les imprimeurs qui ne veulent pas s'exposer à être recherchés en vertu de la loi du 17 mai 1819, et si la pénalité a disparue avec l'obligation de se soumettre aux dispositions préventives de cette loi, le dépôt reste toujours prescrit dans le cas de l'article 6 du décret du 19 juillet 1793, ainsi conçu :

« ART. 6. Tout citoyen qui mettra au jour un
» ouvrage, soit de littérature ou de gravure, dans
» quelque genre que ce soit, sera obligé d'en

» déposer deux exemplaires à la Bibliothèque na-
» tionale ou au cabinet des estampes de la Répu-
» blique , dont il recevra un reçu signé par le
» bibliothécaire , faute de quoi il ne pourra être
» admis en justice pour la poursuite des contre-
» facteurs ».

Mais, nous dira-t-on, comment se fait-il que
la loi de 1814 ait été maintenue et même com-
mentée par des jurisconsultes distingués? A cela
nous répondrons : Comment se fait-il que certains
jurisconsultes font souvent une loi obscure, sans
aucun sens, et presque absurde, d'une loi posi-
tive et claire?

Ainsi, le décret du 5 février 1810 dit positive-
ment : « *A dater du 1.er janvier* 1811 ,' le nombre
des imprimeurs *sera fixé dans chaque département* ».
Eh bien, qu'on ouvre les *Codes de la législation
Française,* par Napoléon Bacqua, avocat à la Cour
royale de Paris, édition de 1846, page 826, code
de la presse, on lira ce décret mutilé ainsi : art.
3. *Le nombre des imprimeurs dans chaque département
sera fixé.*

Cependant, M. Napoléon Bacqua a soin de prévenir, dans l'avant-propos de son ouvrage, « qu'il
» croit inutile de dire que tous les textes ont été
» collationnés sur une édition officielle ».

Qui pourrait expliquer ce que signifie un décret
ainsi conçu, et dans quelle vue l'auteur a supprimé
la partie la plus importante du décret (*à dater
du* 1.er *janvier* 1811) qui lui donnait un sens absolu
et impératif ?

Voilà ce que sont en général nos lois aujour-
d'hui ! chaque auteur les rédige ou les interprète

à sa guise, ou dans telle ou telle vue, au lieu d'en rechercher le véritable esprit.

Telle est précisément la cause qui, en ce moment, remue la société entière et menace de l'ébranler encore, si on ne se hâte de comprendre que la France a soif de légalité, et que tous les sophismes et toutes les subtilités de l'esprit n'en imposent point aux hommes sérieux et droits.

Je crois, Messieurs, vous avoir démontré d'une manière claire et nette, par les actes mêmes des divers gouvernements qui se sont succédés depuis l'Empire, que le nombre des imprimeurs avait été fixé partout en France, comme celui des officiers ministériels. Que les lois limitatives avaient été méconnues au préjudice des acquéreurs de brevet d'imprimeur, et maintenues en faveur des acquéreurs de charge de notaire, d'avoué, d'huissiers, et autres officiers ministériels.

Je crois vous avoir démontré d'une manière non moins claire, non moins évidente, par les paroles des législateurs eux-mêmes :

1.° Que la loi du 17 mai 1819 a été proposée aux Chambres et adoptée pour remplacer celle de de 1814.

2.° Que la pénalité encourue par la législation de 1814 avait été établie, non pour punir uniquement l'omission involontaire d'un nom, le plus souvent inutile ou sans objet, mais bien pour contraindre les imprimeurs à se soumettre aux dispositions préventives de la loi, dispositions qui en disparaissant ont entraîné avec elles la pénalité qui en était la conséquence.

3.° Que l'esprit de la législation de 1819 était incompatible avec celui de la législation de 1814 , et qu'il y aurait une immoralité légale à les maintenir toutes deux.

4.° Que l'article 24 de la loi du 17 mai 1819 , loin de rien prouver contre les imprimeurs, leur était au contraire extrèmement favorable et rentrait complètement dans l'intention du gouvernement, qui était de les mettre à l'abri même de toute complicité, s'ils prenaient la précaution de faire une déclaration et un dépôt préalables.

Je vous ai signalé, Messieurs, les vices nombreux introduits dans notre législation.

Est-il un seul imprimeur qui puisse les approuver? Je n'ose le penser. Mais ce que je sais, c'est qu'il existe aujourd'hui parmi nous deux classes d'industriels et deux classes d'hommes.

Parmi les premiers sont les imprimeurs conservés et les nouveaux titulaires ; à ceux-ci , nous dirons :

Gardez-vous de croire, que j'aie le projet de nuire à vos intérêts : non ; il serait aussi injuste de vous dépouiller aujourd'hui de vos titres , tout illégaux qu'ils sont, qu'il l'a été de dépouiller les anciens acquéreurs de brevet sans indemnité préalable.

Mais, par cela même que nous trouvons qu'il y aurait injustice à vous déposséder , nous avons espéré trouver en vous une réciprocité de sentiments de justice, et obtenir votre concours dans les mesures à prendre pour demander aux Chambres l'exécution des lois existantes , sans léser aucun intérêt , ou bien de nouvelles lois réglementaires.

Parmi les seconds, sont des hommes craintifs, ou bien amis d'administrateurs sages et éclairés; à ceux-ci nous dirons:

Gardez-vous de croire que nous soyons homme d'opposition au gouvernement actuel, ou hostile à aucune administration. Notre brochure doit être pour vous, au contraire, une preuve de notre attachement au trône de Juillet et à nos institutions, qui ne peuvent jamais périr par la faute du Prince dans un gouvernement comme le nôtre, mais uniquement par la faute de ses conseillers, ou des hommes qui administrent en son nom, et qui sont les dispensateurs de sa justice.

Les gouvernements n'ont jamais été renversés que lorsqu'ils ont été les premiers violateurs des lois protectrices des intérêts de tous. Si donc la sécurité, le repos public, la stabilité du trône, si enfin nos institutions dépendent de la stricte et rigoureuse observation des lois par ceux-mêmes qui sont chargés de leur dépôt sacré, c'est un devoir pour tout homme, c'est faire acte de civisme et d'attachement au souverain et au gouvernement, de signaler au Roi, aux Chambres, à la France entière, les atteintes portées, n'importe par qui, à leur sainteté et au respect qu'on leur doit; et par cela même c'est une faiblesse, c'est un consentement tacite, c'est enfin une adhésion donnée aux mesures arbitraires, en un mot c'est travailler au renversement du trône et de nos institutions, que de garder le silence sur tout acte attentatoire aux droits des citoyens, à leur propriété et à leur liberté.

Les adversaires des actes arbitraires administratifs sont donc les amis les plus sincères de l'ordre, et parconséquent du trône : ce qui les distingue, c'est qu'ils sentent plus vivement que d'autres le besoin de légalité que la France éprouve; que le rempart le plus sûr d'un état est la justice et la bonne foi; que ce n'est pas en entassant sophisme sur sophisme qu'on parvient à rien prouver; et qu'il n'y a de bonheur et de prospérité à attendre que dans le repos; et de repos que dans l'observation des lois.

Voilà, Messieurs, ma profession de foi, vous la partagerez tous, je n'en doute pas, parceque je vous crois tous amis du gouvernement actuel, mais non des hommes qui travaillent à sa chute par une continuelle violation des lois protectrices des intérêts de tous; et si j'ai cherché à prévenir les scrupules de chacun de vous, c'est parceque je suis convaincu que c'est par un concours unanime et par une manifestation éclatante et conforme aux lois, que nous pourrons seuls obtenir le respect qui leur est dû et les améliorations dont notre industrie a tant besoin.

Attendrez-vous, Messieurs, que la misère vienne vous frapper comme tant de nos malheureux ouvriers, réduits aujourd'hui à la mendicité!

Que demandons-nous? rien que de juste, rien que de légal : *Le maintien des lois existantes, ou de nouvelles lois réglementaires.*

En vain l'Administration supérieure prétendrait-elle avoir le droit de délivrer à son gré des brevets d'imprimeurs. Ce serait abroger complétement le décret impérial du 5 février 1810 et les ordonnances royales de 1814 qui l'ont maintenu ; ce serait mépriser la décision de la chambre des Députés de 1830 !

« Aucune de nos 70,000 lois, disait à la chambre des Pairs, en 1840 , M. Portalis , président à la Cour de Cassation, ne peut être considérée comme abrogée de droit , si elle ne l'a été par une loi postérieure ou par la charte; et les lois rendues par les pouvoirs publics , tant qu'elles n'ont point été révoquées, ont toutes la même force ».

Or, il existait à Paris plus de 300 imprimeurs lorsque fut rendu le décret de 1810 qui réduisit ce nombre à 80.

Comment ont été désignés les imprimeurs supprimés à Paris? — Par des arrêtés ministériels pris pour l'exécution du décret.

Comment ont été désignés les imprimeurs supprimés dans les départements? — Par des arrêtés ministériels pris en exécution du décret.

Les arrêtés ministériels, pris en exécution d'un décret, seraient donc irrévocables pour les uns et révocables pour les autres? — Cela ne se peut ; et l'Administration ne peut prétendre au droit de délivrer à son gré des brevets en province sans entraîner la nullité des arrêtés ministériels pris pour Paris , et parconséquent l'abrogation complète du décret impérial.

Mais, diront certains esprits, pourquoi fixer le nombre des imprimeurs? A cela nous répondrons: De toutes les professions, l'imprimerie est la seule que le gouvernement exploite lui-même, et sur une échelle tellement vaste, que l'imprimerie royale représente près de 300 imprimeurs de villes de 10,000 habitants et audessous; qu'elle fournit à toutes les administrations du royaume, sans aucune chance de perte. Le Gouvernement donne donc aux imprimeurs le droit de lui dire: Ou cessez de nous nuire, ou réglementez notre profession, de manière à ce que nous puissions au moins vivre.

Les agens de change, les notaires, les avoués, les huissiers, les commissaires-priseurs, les maîtres de poste, les courtiers de halles, de commerce, etc., etc., ont-ils les mêmes droits à faire valoir ? Et cependant toutes ces professions, en partie dépendantes du caprice ministériel, sont restées fixées ! et cependant le nombre pouvait en être augmenté préférablement à celui des imprimeurs, car il est peu de notaires qui ne se retire au bout de quelques années avec un bénéfice de 4, 5, 6 et 800,000 fr. Et cependant l'influence de toutes ces professions sur la politique et sur l'ordre social, est loin d'être à beaucoup près aussi importante que celle de l'imprimerie, et fait plutôt ressortir le besoin d'une augmentation de nombre que toute conséquence opposée.

Pourquoi donc avoir maintenu la fixation des officiers ministériels plutôt que celle des imprimeurs, qui devait, comme la première, rester invariable ?

Considérée comme art, l'imprimerie doit aussi fixer l'attention des législateurs, si on ne veut pas la voir descendre bientôt au dernier dégré de l'échelle industrielle. Déjà tous nos meilleurs ouvrages modernes fourmillent de fautes énormes, résultat inévitable de l'économie que les imprimeurs sont forcés d'apporter jusque dans la correction des épreuves. Nous aurons même bientôt à envier à l'Allemagne ses produits; et pourquoi ? — parce qu'en Allemagne les imprimeurs y jouissent d'une faveur et d'une protection toute particulière du gouvernement; et qu'en France, c'est tout l'opposé; et l'industrie qui a contribué à sa gloire et à sa puissance menace de devenir une cause de sa décadence.

Prévenons donc, Messieurs, toutes ces conséquences. Signalons au Roi, aux Chambres, à la France entière, les infractions aux lois commises par les hommes honorés de la confiance du Monarque, et ayons foi en notre cause; elle est trop juste, pour qu'on n'ait point égard à nos réclamations.

S'il est reconnu que le décret impérial du 5 février 1810 et les ordonnances qui l'ont maintenu ne sont plus en harmonie avec les besoins du temps; s'il est reconnu nécessaire au bien public que l'imprimerie soit libre; qu'on la rende libre; mais au moins que ce soit par les voies légales et sans nuire, comme on l'a fait depuis 1830, aux intérêts privés et aux droits acquis; que ce soit sans proclamer que le but du Gouvernement représentatif de 1830 est de vouloir fonder la sécurité publique, non sur le respect, mais sur le mépris de tous les intérêts et de tous les droits; principe que les Chambres ne sanctionneront jamais, il faut l'espérer.

Nous fondant sur les dispositions de l'art. 5 de la constitution de 91, ainsi conçu: « Les » ministres sont responsables de tout attentat à » la propriété individuelle »; et sur les articles 8 et 9 de la charte de 1830, ainsi conçus: « 8. Toutes » les propriétés sont inviolables. — 9. L'État peut » exiger le sacrifice d'une propriété pour cause » d'intérêt public *légalement constaté*, mais avec » une indemnité préalable », nous vous proposons, Messieurs, d'appeler, à la session prochaine, l'attention des Chambres et de la France entière sur la nécessité de demander l'exécution des lois qui régissent l'imprimerie, ou de nouvelles lois réglementaires, par la présentation d'une pétition conçue à-peu-près dans les termes de celle qui va suivre ; c'est-à-dire dont le fonds sera le même, mais dont la rédaction sera confiée à un comité composé d'imprimeurs.

J'espère, Messieurs, que cette pétition, qui ne renferme rien que de juste, et qui ne lèse aucun intérêt, puisque nous reconnaissons qu'il serait aussi injuste de dépouiller les nouveaux titulaires en exercice qu'il l'a été de dépouiller les acquéreurs de titre, j'espère dis-je, que cette pétition obtiendra votre assentiment et votre concours unanime, et que vous vous empresserez à me transmettre votre adhésion en la forme indiquée plus loin, afin d'agir tous avec les dispositions favorables de confraternité qui m'ont toujours animé.

Veuillez bien en recevoir l'assurance,

Ainsi que celle de mon entier dévouement à nos intérêts communs.

VILLET-COLLIGNON,
Imprimeur à Verdun (Meuse).

A Messieurs les Membres de la chambre des Pairs et de la chambre des Députés.

Messieurs,

Il est une loi fondamentale dans la constitution de tous les Etats civilisés qui consacre l'inviolabilité des propriétés.

Partant de ce principe, les imprimeurs soussignés ont l'honneur de vous exposer ce qui suit :

L'Imprimerie a été depuis son origine soumise à des lois et à des réglemens particuliers. En 1723, les imprimeurs étaient déclarés par arrêt du conseil d'Etat du Roi, sa Majesté y étant, appartenir au corps de l'Université de Paris, et en cette qualité, exempts de toutes contributions, prêts, taxes, levées, subsides et impositions mises et à mettre, imposées et à imposer sur les arts et métiers. Cet arrêt fut étendu à tout le royaume par deux autres arrêts des 24 mars 1744 et 23 avril 1775. Enfin, par arrêt du 30 août 1777, les imprimeurs furent constitués en chambres syndicales chargées de recevoir les imprimeurs, qui payaient alors un droit proportionnel à l'importance des villes, droit qui s'élevait de 300 fr. à 3000 fr.

Telle a été la considération dont les imprimeurs ont joui jusqu'à la révolution de 93, qui, en abolissant tous les privilèges, fit surgir un grand nombre d'imprimeurs sur tous les points de la France.

Cet accroissement ne tarda point à fixer l'attention du Gouvernement impérial, et le 5 février 1810, un décret fut rendu pour ordonner que le nombre des imprimeurs fut fixé dans chaque département à partir du 1.er janvier 1811. Des arrêtés ministériels vinrent bientôt supprimer partout en France les imprimeurs frappés par le décret , qui reçurent alors des *brevets de tolérance* ou *à vie* , comme les imprimeurs conservés reçurent des brevets qui les maintenaient dans l'exercice de leur profession. En voici la teneur :

AU NOM DE L'EMPEREUR , etc. (1).

D'après ces brevets, qui sont enregistrés dans tous les greffes des tribunaux de première instance, et qui renferment la preuve incontestable de l'exécution du décret, il est impossible de mettre en doute cette exécution. A la chute de l'Empire, le premier soin du Gouvernement royal fut de maintenir le décret de 1810 par une ordonnance du 10 Juin 1814, ainsi conçue :

« LOUIS, etc. Avons ordonné et ordonnons ce qui suit :

» Les lois, décrets et réglements relatifs à l'usage de la presse et aux délits qui se peuvent commettre par cette voie, et notamment les titres 3, 5 et 7 du décret du 5 février 1810, contenant réglement sur l'imprimerie et la librairie, seront provisoirement exécutés, selon leur forme et teneur, **jusqu'à ce qu'il en soit autrement ordonné** ».

Enfin, le 21 octobre 1814, l'ordonnance suivante fut rendue.

« LOUIS, etc.

» ART. 1.er Les brevets d'imprimeurs délivrés jusqu'à ce jour sont confirmés : **les conditions auxquelles il en sera délivré à l'avenir seront déterminées par un nouveau Réglement** ».

A la suite de cette ordonnance, tous les brevets impériaux furent échangés contre des brevets royaux, et les impri-

---

(1) Ce brevet sera transcrit dans la pétition tel qu'il existe page 5.

meurs supprimés reçurent des brevets *à vie*, dont voici la teneur :

AU NOM DU ROI, etc. (1).

On trouve donc partout la sanction du décret impérial, c'est-à-dire la fixation des imprimeurs, et de plus l'ordre royal de ne délivrer à l'avenir de nouveaux brevets que d'après un nouveau réglement.

A-t-il été fait un nouveau réglement? non, Messieurs.

On a pu croire un instant, en 1830, que la profession d'imprimeur allait être libre. Une proposition fut, à cet effet, présentée à la chambre des Députés par Benjamin Constant dans la séance du 11 septembre. Accueillie d'abord par la Chambre, et discutée ensuite, cette proposition donna naissance à des articles de loi dans lesquels le principe d'une indemnité en faveur des acquéreurs de titre fut admis; mais lorsqu'il s'est agi de voter sur l'ensemble de cette loi, elle fut rejetée, comme loi pernicieuse, sur les observations de M. Charles Dupin.

Ainsi donc, Messieurs, la chambre des Députés de 1830 a repoussé elle-même le principe d'une liberté d'exercice, et maintenu parconséquent la fixation du nombre des imprimeurs.

Cependant, Messieurs, malgré ces dispositions légales et cette décision de la Chambre de 1830, au lieu de supprimer les *brevets à vie*, il a été délivré depuis 1830 un nombre si considérable de brevets d'imprimeurs, que l'imprimerie est aujourd'hui dans un état pire qu'une liberté illimitée; car il n'est pas une seule ville un peu importante où il n'y ait 2 et 3 brevets, soit d'imprimeurs en lettres, soit d'imprimeurs lithographes, sans être exploités.

---

(1) Ce brevet sera transcrit dans la pétition tel qu'il existe page 7.

Toutes ces concessions, qui ont été faites contrairement aux lois et au préjudice des acquéreurs de titre, sont une première raison pour nous, Messieurs, d'avoir recours à votre justice et à votre équité.

Une seconde raison, non moins puissante pour nous, est l'état d'inquiétude ou nous jette sans cesse le maintien de la législation de 1814, formellement abrogée, dans ses dispositions pénales surtout, par la législation de 1819, présentée aux Chambres par le Gouvernement tout exprès pour remplacer cette loi de 1814, qui est pour nous, l'épée de Damoclès. Constamment suspendue sur nos têtes, nous avons à redouter sans cesse sa chute ; et grand nombre d'entre nous en ont éprouvé de cruelles atteintes.

Est-il besoin, Messieurs, de vous démontrer ce que nous disons, que l'abrogation de la législation de 1814 a été le motif principal et même le seul de la présentation de la loi du 17 mai 1819? non sans doute; il nous suffira de vous rappeler les passages des discours prononcés au sein des deux Chambres, soit par l'organe du Gouvernement, soit par Messieurs les Rapporteurs des commissions des deux Chambres.

Voici d'abord comment s'est exprimé M. le Garde-des-Sceaux lorsqu'il présenta la loi.

« Le premier projet repose sur un principe fort simple,
» ou plutôt sur un fait, c'est ce que la presse, dont on
» peut se servir comme d'un instrument, pour commettre un
» crime ou un délit, ne donne lieu cependant à la création
» ni à la définition d'aucun crime ou délit particulier. Ce
» qui rend une action punissable, c'est l'intention de son
» auteur et le mal qu'il a fait ou voulu faire à un individu
» ou à la société; qu'importe pour accomplir cette intention,
» et causer ce mal, qu'il ait employé tel ou tel moyen ? La

» prévoyance des lois pénales atteindrait le crime quand
» même l'instrument mis en usage par le coupable aurait
» été jusqu'alors complètement ignoré.

» Il n'y a pas lieu à instituer pour la presse une législation
» pénale distincte. Le code pénal contient l'énumération
» et la définition de tous les actes reconnus nuisibles à la
» société, et partant punissables; que l'un de ces actes ait
» été commis ou tenté par la voie de la presse, l'auteur
» doit être puni à raison de la tentative, sans que la na-
» ture de l'instrument qu'il a employé, soit pour lui ni
» contre lui, d'aucune considération. En d'autres termes,
» il n'y a point de délits particuliers de la presse.

» Par là est démontrée l'inutilité de cette pénalité d'ex-
» ception dans laquelle on a cherché longtemps un remède
» contre les abus de la liberté de la presse. La presse
» rentre, comme tout autre instrument d'action, dans le
» droit commun, et en y rentrant, elle n'obtient aucune
» faveur qui lui soit propre, elle ne rencontre aucune
» hostilité qui lui soit particulière.

» Comme la presse n'est pas le seul instrument par
» lequel les actes coupables peuvent avoir lieu, elle ne
» sera pas même, sous ce point de vue, l'objet d'une légis-
» lation particulière; c'est dans le fait de la publication et
» non dans le moyen que réside le délit.

» La presse est considérée non comme la source d'un
» genre de délits particuliers, mais comme un instrument
» de délits prévus par le droit commun.

» Quels sont maintenant les crimes et les délits dont la
» presse, ou tout autre moyen de publication, peut deve-
» nir l'instrument? Il nous a paru qu'ils étaient tous ren-
» fermés et classés convenablement dans les 4 chapitres
» dont se compose le projet de loi ».

Voilà, Messieurs, les motifs donnés par le Gouvernement lui-même à la loi du 17 mai 1819.

En laissant subsister la législation de 1814, on donne donc un démenti formel à tout ce qu'a dit M. le Garde-des-Sceaux.

Voici maintenant l'opinion de la Commission de la chambre des Députés, émise par l'organe de M. de Courvoisier, son rapporteur.

« L'intérêt public exige non seulement que la presse
» soit dégagée de toute mesure préventive, mais on doit
» craindre de resserrer l'opinion dans ses progrès, en don-
» nant trop de latitude à l'arbitraire de la poursuite.

» Le but du gouvernement représentatif est de fonder la
» sécurité publique sur le respect de tous les intérêts et
» de tous les droits : la publicité est le meilleur frein con-
» tre l'injustice ».

En laissant subsister la législation de 1814, on donne encore un démenti formel à la Commission de la chambre des Députés.

Voici enfin l'opinion de la Commission de la chambre des Pairs émise par son rapporteur, M. de Broglie.

Le noble Pair s'est exprimé ainsi :

« La liberté de la presse sera éternellement en question,
» tant que la presse elle-même n'aura pas été replacée au
» rang de simple instrument, propre à servir au bien et au
» mal ; en un mot, tant qu'on ne cessera de faire des lois,
» soit contre elle, soit sur elle, soit même pour elle.

» L'exercice d'une faculté quelconque est de droit natu-
» rel, les lois posent les limites, les lois prononcent des
» restrictions ; voilà leur but et leur langage. Raisonner
» autrement c'est aller contre le principe même des lois
» pénales, c'est déclarer aux citoyens qu'ils ont besoin

» d'une autorisation spéciale pour écrire et pour imprimer,
» c'est leur signifier que le législateur entend gouverner
» en maître leurs pensées et leurs opinions.

» Il est de principe en matière criminelle que le légis-
» lateur ne s'occupe, soit de l'instrument à l'aide duquel
» un délit se commet, soit du mode accidentel de la per-
» pétration de ce même délit, qu'autant que cet instrument
» ou ce mode en font varier le fait caractéristique, en altè-
» rent l'élément moral, ou en dénaturent les conséquences.

» Et peu importe aussi la presse, le manuscrit, le livre,
» par rapport au mal qu'ils peuvent faire, ni l'œuvre, ni
» l'outil n'ont rien qui les distingue. A quoi bon faire
» acception de celui-ci plutôt que de celui-là.

» Il n'y a point de loi à faire sur les délits de la presse
» parceque ces délits n'existent pas, du moins comme délits
» d'une nature particulière, parceque le législateur ne doit
» point multiplier les qualifications sans raison, ni insti-
» tuer des distinctions là où la nature n'en avait pas
» mises avant lui.

» De tous les actes qui peuvent précéder l'émission d'un
» écrit, le dépôt est peut-être le seul qu'on ne puisse incri-
» miner, dans aucun cas, sans une extrême injustice. La
» raison en est fort simple, il faut au moins que l'acte que
» l'on prétend ériger en délit soit volontaire, et le dépôt
» est forcé ; il faut qu'il soit apte à consommer le dommage,
» et le dépôt n'est propre qu'à le prévenir ».

Encore ici on donne un démenti formel à l'organe de
la Commission de la chambre des Pairs.

Vous voyez, Messieurs, tout le cas que l'on fait des pensées du gouvernement et des deux Chambres en maintenant
la législation de 1814, incompatible d'ailleurs avec celle
de 1819.

Par la législation de 1814, en effet, le Gouvernement

s'était réservé le droit de prévenir tous les crimes ou les délits de la presse par des mesures préventives, et les imprimeurs seuls étaient punis en raison directe de l'esprit et des dispositions de cette loi. Les auteurs n'étaient recherchés en rien.

Par la législation de 1819, au contraire, le Gouvernement a reconnu l'injustice qu'il y avait de punir les imprimeurs et non les auteurs ou complices; il s'est dessaisi, d'après l'esprit et la lettre de l'article 1.er de cette loi, de son droit de *veto*, en déclarant qu'il n'y avait plus de crimes, de délits que lorsqu'il y avait eu vente, distribution, mise en vente ou exposition dans des lieux publics, d'ouvrage coupable.

Or, Messieurs, avec la législation de 1814, il ne peut y avoir ni vente, ni distribution, ni mise en vente, ni exposition dans des lieux publics d'ouvrage coupable, qu'avec l'autorisation du Gouvernement; ce qui donnerait à la loi du 17 mai un caractère d'immoralité légale, qui serait: que le Gouvernement punirait des crimes ou des délits qu'il aurait autorisés lui-même.

Nous croyons, Messieurs, vous avoir démontré d'une manière on ne peut plus péremptoire.

1.º Que le nombre des imprimeurs a été fixé partout en France, en vertu du décret impérial du 5 février 1810;

Que ce décret a été maintenu par le Gouvernement royal, qui même a déclaré qu'il ne pourrait être délivré à l'avenir de brevets qu'en vertu d'un nouveau Règlement;

Enfin, que la chambre des Députés a maintenu, en 1830, ces décrets et ordonnances royales.

2.º Que la législation de 1814 avait été abrogée par celle de 1819, de l'aveu des trois Pouvoirs de l'État;

Que cette législation est d'ailleurs incompatible avec celle de 1819.

En conséquence,

Nous avons l'honneur de vous demander :

1.º Que les imprimeurs de Paris reçoivent, par qui de droit, une indemnité proportionnée tout à la fois au nombre des brevets accordés dans les villages environnants et à la valeur de leur matériel.

Que les imprimeurs de province, acquéreurs de titre reçoivent également une indemnité;

Le tout, conformément à l'article 4 du décret impérial de 1810, à la décision de la chambre des Députés de 1830, et à la loi sur les expropriations forcées.

2.º De déclarer, par un vote positif, l'abrogation de la législation de 1814, comme contraire à la charte, à l'esprit et à la lettre de la loi du 17 mai 1819.

3.º De déclarer nuls et comme non avenus tous les brevets qui ne sont point en exercice.

4.º D'ordonner qu'il n'en sera plus délivré avant l'exécution de l'ordonnance royale du 21 Juin 1814, c'est-à-dire avant de nouveaux réglements.

5.º Enfin, Messieurs, de donner à l'imprimerie une nouvelle organisation, en rapport avec les besoins du temps, les progrès de l'industrie, et la nécessité pour les imprimeurs d'avoir une garantie d'existence.

Ce faisant, vous ferez justice;

Vous justifierez ce qu'a dit M. de Courvoisier, à la chambre des Députés, « que le but du Gouvernement » représentatif est de fonder la sécurité publique, non » sur le mépris, mais sur le respect de tous les intérêts » et de tous les droits ».

Vous enseignerez à la France entière que les lois, les ordonnances royales, et vos décisions, doivent être respectées par tous, et surtout par ceux qui sont chargés de leur dépôt sacré.

Enfin vous assurerez cette sécurité publique et ce repos que la France attend, et qu'elle n'espère trouver que dans l'exécution rigoureuse des lois et de nos institutions.

Dans l'espoir, Messieurs, de voir nos justes demandes favorablement accueillies.

Nous avons l'honneur d'être,

Vos très-humbles, très-obéissants et respectueux serviteurs.

MODÈLE D'ADHÉSION (1).

———

L'imprimeur soussigné adhère pleinement à la présentation aux Chambres d'une pétition renfermant les motifs exprimés dans celle qui fait suite à l'*Appel à tous les Imprimeurs de France*.

A   le

Signer lisiblement, ou imprimer
la signature et la date.

————————

(1) Cette adhésion sera imprimée sur papier à un centime et affranchie, à l'adresse de M. VILLET-COLLIGNON, imprimeur à Verdun, qui se charge d'imprimer la pétition en assez grand nombre pour que chaque Pair et chaque Député en reçoive une à domicile.

Verdun, Imprimerie de VILLET-COLLIGNON.